Dennis Marc Busch

Model Driven Architecture

GRIN Verlag

Bibliografische Information der Deutschen Nationalbibliothek:

Die Deutsche Bibliothek verzeichnet diese Publikation in der Deutschen National-
bibliografie; detaillierte bibliografische Daten sind im Internet über http://dnb.d-
nb.de/ abrufbar.

Impressum:

Copyright © 2004 GRIN Verlag GmbH
Druck und Bindung: Books on Demand GmbH, Norderstedt Germany
ISBN: 978-3-638-71702-1

Dieses Buch bei GRIN:

http://www.grin.com/de/e-book/44364/model-driven-architecture

GRIN - Your knowledge has value

Der GRIN Verlag publiziert seit 1998 wissenschaftliche Arbeiten von Studenten, Hochschullehrern und anderen Akademikern als eBook und gedrucktes Buch. Die Verlagswebsite www.grin.com ist die ideale Plattform zur Veröffentlichung von Hausarbeiten, Abschlussarbeiten, wissenschaftlichen Aufsätzen, Dissertationen und Fachbüchern.

Besuchen Sie uns im Internet:

http://www.grin.com/

http://www.facebook.com/grincom

http://www.twitter.com/grin_com

Dennis Busch

Model Driven Architecture

Referat
im Rahmen des Seminars
„Informationsintegration & Middleware"
Frühjahrstrimester 2004

Universität der Bundeswehr München
Fakultät für Informatik
Professur für Softwarewerkzeuge und Methoden für
integrierte Anwendungen

Abgabetermin: 28. Juni 2004

Inhaltsverzeichnis

Abkürzungsverzeichnis

CIM	Computation Independent Model
CORBA	Common Objects Request Broker
CWM	Common Warehouse MetaModel
DBMS	Datenbankmanagementsystem
DTD	Document Type Definition
EJB	Enterprise Java Beans
GUI	Graphical User Interface
J2EE	Java 2 Enterprise Edition
JSP	Java Server Pages
MDA	Model Driven Architecture
MOF	Meta Object Facility
OCL	Object Constraint Language
OMA	Object Management Architecture
OMG	Object Management Group
PIM	Plattform Independent Model
PM	Platform Model
PSM	Plattform Specific Model
SQL	Structured Query Language
UML	Unified Modeling Language
XMI	XML Metadata Exchange
XML	Extensible Markup Language
XP	Extreme Programming

1 „How Systems Will Be Built"

So präsentiert die Object Management Group (OMG) eine ihrer neuesten Entwicklungen im World Wide Web.

Seit Beginn des Informationszeitalters versucht die Softwareindustrie, Verfahren, Werkzeuge und Methoden zu entwerfen, um die Arbeit mit Informationstechnologie (IT) einfacher und vor allem effizienter zu gestalten. Von der Einführung der ersten Hochsprachen über den Erfolgszug der objektorientierten Sprachen und Integrierten Entwicklungsumgebungen bis zu Modellierungstechniken wie der Unified Modeling Language (UML) beherrscht die fortschreitende Abstrahierung vom reinen Maschinencode immer stärker den Softwareentwicklungsprozess.

Eine fast logische Folge aus dieser Entwicklung ist der sich abzeichnende Standard der Model Driven Architecture (MDA) der OMG. Grundgedanke dieses Konzepts ist es, konstruktive Modelle in das Zentrum des Softwareentwicklungsprozesses zu stellen. Diese Modelle dienen nicht mehr nur der abstrakten Beschreibung des zu entwickelnden Systems, sondern zur automatisierten Erzeugung von weiteren Modellen des selben Systems sowie der Generierung des Quellcodes.

Wesentlich für die MDA ist die Trennung der Spezifikation der Systemfunktionalität von der verwendeten Plattform. Die MDA ermöglicht es außerdem, Plattformen zu beschreiben, eine bestimmte Plattform für das System auszuwählen und den Systementwurf für die gewählte Plattform zu transformieren:

> „Ziel (...) ist es, Plattform-unabhängige Modelle zu entwickeln, auf deren Basis für unterschiedliche Plattformen Plattform-spezifische Modelle erstellt werden können. Diese Plattform-spezifischen Modelle können für konkrete Systemplattformen – z.B. für einen spezifischen J2EE-Applikationsserver oder einen CORBA-Server – genutzt werden, indem man ausführbare Anwendungen generiert." (Andresen (2003), S. 77)

Diese Arbeit soll einen Überblick über die Entwicklungsgeschichte, den Softwareentwicklungsprozesses mit der MDA, über die grundlegenden Technologien sowie den aktuellen Entwicklungsstand geben.

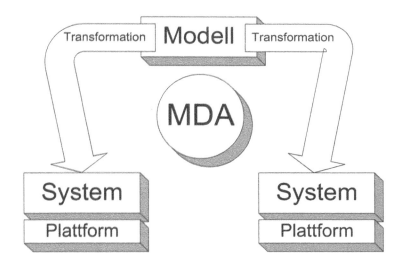

Abbildung 1.1: Das MDA-Prinzip

2 Entwicklungsgeschichte

2.1 Die OMG

Die OMG wurde 1989 von damals elf Firmen, darunter IBM, Apple und Sun, gegründet. Ziel dieser Organisation von heute mehr als 800 Mitgliedern ist es, Standards für die herstellerunabhängige und systemübergreifende objektorientierte Programmierung zu entwickeln. Eine der bekanntesten Früchte dieser Arbeit ist die Common Object Request Broker Architecture (CORBA), die das Erstellen von verteilten Anwendungen ermöglicht.

Mit der Adaption der UML als Modellierungssprache und der Meta-Object Facility (MOF) als Metamodellierungsframework 1997 erweiterte die OMG ihr Augenmerk auf die Modellierung von Systemen. Im Jahr 2000 fasste sie weit verbreitete Industriestandards für die Visualisierung, Speicherung und den Austausch von Softwaredesigns und -modellen zur MDA zusammen und löste hierdurch die seit Anfang der neunziger Jahre bestehende Object Management Architecture (OMA) ab, die bis dahin die

Grundlage aller Standardisierungsaktivitäten der OMG war.[1] Die
Ursache hierfür war die Erkenntnis, dass nicht mehr nur die Interoperabilität von Komponenten eines Softwaresystems, sondern
auch die Interoperabilität der Informationen *über* diese Komponenten sichergestellt sein muss, um ein effektiveres Arbeiten der
Entwicklerteams zu ermöglichen (vgl. Kleppe u. a. (2003), S. XI;
Born u.a. (2004), S. 275).

Während üblicherweise Initiativen dieser Art Jahre zur Konsens-
findung benötigen hat die MDA bereits jetzt einen starken Rück-
halt in der Industrie. Selbst sonst harte Rivalen wie Microsoft,
IBM und Sun beteiligen sich stark an der Entwicklung (vgl. Frankel (2003), S. Xxi), erste Projekte unter Nutzung der MDA sind
bereits verwirklicht.

2.2 Die Vision

> „The myth of the standalone application, never nee-
> ding repair, never needing integration, with data mo-
> dels inviolate and secret, died a long and painful
> death through the end of the Twentieth Century."
> (Miller/Mukerji (2003), S. 1-1)

---

[1]OMA verfügt als Herzstück über den Object Request Broker (ORB) und
beinhaltet somit als wesentlichen Kern die Nutzung von verteilten Objekten
(vgl. Soley/Stone (1995), S. 17-24).

Nahezu keine Software wird heute mehr nur einmal erstellt und dann eine vorbestimmte Dauer in einem Unternehmen eingesetzt. Kostenzwänge, Änderungen im Geschäftsablauf und die Einführung neuer Technologien führen dazu, dass jede Anwendung immer wieder gewartet, integriert, aktualisiert und überarbeitet werden muss. Trotz allem wird dieser Beobachtung bei der Softwareentwicklung kaum Rechnung getragen. Anwendungen werden heute nach seit langem eingebrannten Mustern geschrieben, die zwar meistens Diagramme und textuelle Beschreibungen des Systems in den ersten Phasen des Prozesses beinhalten, sich aber spätestens bei der Implementation hauptsächlich auf den Code konzentrieren und die Dokumentation vernachlässigen.

Die Vision der OMG besteht deshalb darin, das Hauptaugenmerk im Softwareentwicklungsprozess nicht mehr auf die konkrete, zielplattformspezifische Implementation zu richten, sondern auf die Modellierung. Ein einmal aus verschiedenen Sichten semantisch exakt formuliertes Modell eines Systems soll dann ohne Eingriffe die Grundlage für eine automatisch generierte Anwendung auf jeder gewünschten Plattform bilden – bestehenden und jeder zukünftigen (vgl. Miller//Mukerji (2003), S. 1-1ff.). Die Idealvorstellung besteht in der nahezu vollständigen Generierung der fertigen Applikation aus Modellen und bereits zur Verfügung stehenden Komponenten.

3 MDA Framework

Die beiden wichtigsten Konzepte der MDA stellen Modelle und Transformationen dar.

3.1 Modelle

Ein Modell zeichnet sich allgemein und verständlich ausgedrückt durch folgende drei Punkte aus:

- Ein Modell ist immer eine Abstraktion von etwas, das bereits existiert oder geplant wird.

- Ein Modell unterscheidet sich von dem, was es abbildet, z.B. im Detaillierungsgrad oder der Größe.

- Ein Modell kann als Vorlage für etwas genutzt werden, das real existiert oder existieren soll (vgl. Kleppe u. a. (2003), S. 15f.).

Für die Modellierung mit der MDA heisst das:

11

- Ein Modell ist immer eine Abstraktion eines bestehenden oder zu planenden Systems.

- Ein Modell unterscheidet sich von dem zu modellierenden System hauptsächlich im Abstraktionsgrad.

- Ein Modell kann als Vorlage für ein weiteres Modell dienen, von welchem es wiederum abstrahiert.

3.1.1 Metamodellierung

Um Modelle im Umfeld der MDA genauer zu verstehen lohnt ein Blick auf die Metaebene.

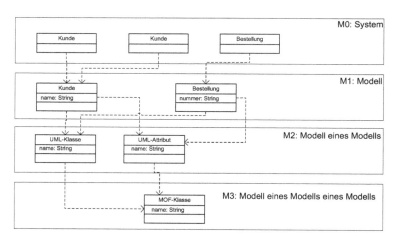

Abbildung 3.1: 4-Schichten-Metamodellarchitektur (vgl. Kleppe u. a. (2003), S. 89)

Die OMG nutzt zur Metamodellierung die 4-Schichten-Metamo-
dellarchitektur. Unterste Schicht (M3) ist das Meta-Metamodell.
Es stellt die eigentliche Infrastruktur der Metamodellarchitektur
dar.[1] Hier wird die Sprache zur Spezifikation von Metamodellen
definiert. Die MOF ist ein Standard für Meta-Metamodelle.

Ein Metamodell (M2) beschreibt als Instanz eines Meta-Meta-
modells eine Sprache zur Beschreibung von Modellen. Die UML
z.B. ist somit ein Metamodell.

Die dritte Schicht (M1) ist die des eigentlichen Modells, einer
Instanz eines Metamodells. Ein Beispiel hierfür wäre das Modell
eines Kunden in Form eines UML-Klassendiagramms mit der
Klasse Kunde.

Die vierte Schicht (M0) bilden Objekte als Instanzen eines Modells (vgl. OMG (2003b), S. 16 f.; Kleppe u. a. (2003), S. 85 ff.).
Ein Objekt für das vorhergehende Beispiel wäre die konkrete Instanz der Klasse Kunde HerrMayer oder HerrMueller.

3.1.2 Modellkategorien in der MDA

Die Bezeichnung Model Driven Architecture lässt bereits erken-
nen, dass Modelle den Kern der MDA bilden. Ein Modell ist
im Kontext der MDA als die Beschreibung eines Systems oder

---

[1]Es gibt also kein Meta-Meta-Metamodell.

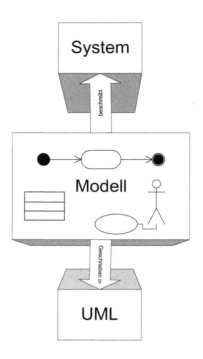

Abbildung 3.2: Einordnung von Modellen (vgl. Kleppe u. a. (2003), S. 20)

Teilsystems, die in einer wohldefinierten Sprache verfasst wird, zu verstehen. Als wohldefinierte Sprache wird eine Sprache bezeichnet, die über eine definierte Form (Syntax) und Bedeutung (Semantik) verfügt und geeignet ist, automatisiert von Computern verarbeitet zu werden (vgl. Kleppe u. a. (2003), S. 16).

Obwohl die UML als quasi „hauseigene" Modellierungssprache

der OMG am geeignetsten erscheint ist MDA ganz im Sinne der Unabhängigkeit von Techniken und Zukunftsentwicklungen hier nicht festgelegt. Auch für bspw. Petri-Netze oder Entity-Relationship (ER) Diagramme ist der Standard offen (vgl. Fettke/Loos (2003), S. 556). Wichtig ist jedoch immer die Wohldefiniertheit der Sprache, denn ohne genau bekannte Syntax und Semantik kann das Hauptziel, nämlich die automatische Codegenerierung, nicht oder zumindest nicht deterministisch erreicht werden.

Modelle beschreiben ein System in der MDA zudem aus einem bestimmten Blickwinkel, den sogenannten Viewpoints (vgl. Miller/Mukerji (2003), S. 2-5).

Als wichtigste Modellkategorien aus Entwicklersicht werden das Computation Independent Model (CIM), das Platform Independent Model (PIM) und das Platform Specific Model (PSM) unterschieden.

3.1.3 Computation Independent Model (CIM)

Ein CIM beschreibt das darzustellende System vom Computation Independent Viewpoint aus. Dieser konzentriert sich auf die Einsatzumgebung des Systems und seine Anforderungen. Details über die Struktur und Funktionsweisen, innerhalb werden ausgeblendet (vgl. Miller/Mukerji (2003), S. 2-5). Es zeigt also auf, was das System leistet bzw. leisten soll, ohne darauf einzugehen, wie es das leisten soll.

Diese Art von Modellen bildet die Verwendung des Systems ab, die Anforderungen an seine Umgebung sowie den Nutzen, den diese daraus zieht. Das CIM stellt somit die Interaktion zwischen dem System und seiner Umwelt dar. In der UML finden hier hauptsächlich Use-Case-, Interaktions- und Aktivitätsdiagramme Anwendung (vgl. Born u. a. (2004), S. 281).

Im Entwicklungsprozess ist das CIM nützlich, um das zu lösende Problem an sich zu verstehen und um als Grundwortschatz für weitere Modelle zu dienen. Die später darin herausgestellten Strukturen und Verhaltensweisen müssen auf die Anforderungen im CIM zurückführbar sein (vgl. Miller/Mukerji (2003), S. 3-1; Born u. a. (2003), S. 281).

3.1.4 Platform Independent Model (PIM)

Ein PIM beschreibt ein System aus Sicht des Platform Independent Viewpoint. Er setzt den Fokus auf die Struktur und Funktionsweise, ohne auf Informationen über die später zu verwendende Zielplattform zu verwenden. Unter Plattform versteht man hierbei eine Menge von Technologien, die eine zusammenhängende Funktionalität durch Schnittstellen bereitstellt, die jede unterstützte Applikation nutzen kann ohne die interne Implementation zu kennen.[2] Das PIM liefert die formale Spezifikation der Struktur und Funktionalität des Systems selbst, lässt aber die technischen Details völlig unberücksichtigt (vgl. Kleppe u. a. (2003), S. 25f.; Andresen (2003), S.77f; Miller/Mukerji (2003), S. 2-3 ff.). Ein PIM gibt also Antwort auf die Frage „Wie funktioniert das System?", lässt aber die speziellere Frage „Wie funktioniert das System auf einer bestimmten Plattform?" offen.

3.1.5 Platform Specific Model (PSM)

Der Platform Specific Viewpoint erweitert den Platform Independent Viewpoint um die technologischen Details einer Zielplattform. Diese Details wiederum sind in einem Platform Model (PM) festgelegt. Ein PSM, welches ein System stets aus diesem Blickwinkel veranschaulicht, kann bereits alle Informationen[3] zum Erzeugen eines fertigen Softwareprodukts beinhalten. Es stellt dann eine Implementation des ihm zugrunde liegenden PIM dar (vgl. Born u.a. (2003), S.283; Miller/Mukerji (2003), S. 2-6). Ein PSM kann aber immer noch Implementationsdetails abstrahieren und gegenüber einem weiterem PSM als PIM auftreten (vgl. Born u.a. (2003), S.283). Die Begriffe Plattformunabhängigkeit bzw Plattform sind also eher relativ zu verstehen.

---

[2]Beispiele für Plattformen in diesem Zusammenhang sind Middlewaretechnologien wie CORBA, J2EE oder .NET, aber auch Programmiersprachen wie Java, C# sowie Betriebssysteme wie Linux oder Windows
[3]u.a. auch Quellcode

So war z.b. CORBA ursprünglich plattformunabhängig ausge-
legt. Durch die Einführung verschiedenster Middlewaretechnologien, die sich CORBA bedienen, kann es aus deren Sicht als
Plattform verstanden werden (vgl. Frankel (2003), S. 48 f.). Und
schließlich stellen z.b. Linux oder Windows wiederum Plattformen für CORBA dar (vgl. Mellor u. a. (2004), S. 14). Ein PSM
zeigt demgemäß das Ergebnis der vorhergehenden Fragestellung
„Wie funktioniert das System auf einer bestimmten Plattform?"
auf. Ein PIM kann immer Grundlage mehrerer PSM sein (vgl.
Kleppe u. a. (2003), S. 26); z.b. könnten aus einem PIM einer
verteilten Ebusinessanwendung drei PSM erzeugt werden: eines
zur Modellierung der Datenbankkomponente auf Basis eines re-
lationalen Datenbanksystems, eines für die Anwendungslogik in
einem Middlewareframework wie der Java 2 Enterprise Edition
(J2EE) und schließlich eines für die Webdarstellung in HTML
(vgl. Kleppe u. a. (2003), S. 51 ff.).

3.2 Transformationen

Wie bereits angesprochen beinhaltet die MDA die automatische
Codegenerierung aus den Modellen über ein System. Diese wird
in mehreren Schritten über Transformationen realisiert.

Eine Transformation ist der Prozess der Umwandlung eines Ursprungsmodells in ein Zielmodell des selben Systems (vgl. Mil-

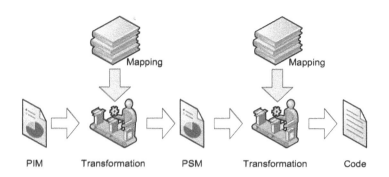

Abbildung 3.3: Transformationen von PIM über PSM zu Code

ler/Mukerji (2003), S. 2-7). Diese Umwandlung erfolgt gemäß
eines Mappings. Ein Mapping beinhaltet eine Menge von Trans-
formationsregeln, die zusammen genommen beschreiben, wie ein
Modell in der Ursprungssprache in ein Modell der Zielsprache
überführt werden kann. Eine Transformationsregel ist eine Beschreibung, wie eine oder mehrere Konstrukte der Ursprungssprache in die Zielsprache übersetzt werden (vgl. Kleppe u. a.
(2003), S. 24; Miller/Mukerji (2003), S. 3-2).Zu beachten ist,
dass eine Transformation nicht zwingend von einer Modellkate-
gorie in eine andere, bspw. von einem PIM zu einem PSM führen
muss. Eine Transformation kann genauso gut ein PSM, welches
auf J2EE beruht, in ein PSM, das .NET als Plattform nutzt, um-
wandeln. Darüber hinaus darf nicht übersehen werden, dass die
oben genannte Definition einer Transformation zwar nur von der

Umwandlung zwischen Modellen spricht; da aber der Quellcode eines Programms auch wieder eine abstrakte Ansicht des zu modellierenden Systems darstellt, in Folge dessen selbst ein Modell ist, schließt diese Definition die Umwandlung eines Modells in Quellcode implizit ein. Besonders bei der Spezialisierung eines Modells, so z.B. bei der Transformation von PIM zu PSM, muss das Verhalten und die Struktur des Ursprungsmodells erhalten bleiben. Die wichtigste Eigenschaft einer Transformation ist folglich, dass durch sie die Semantik eines Modells nicht verändert werden darf. Ein kurzes Beispiel soll den Transformationsprozess ein wenig anschaulicher machen. Wir wollen die Umwandlung eines UML-Modells einer Klasse nach Javacode betrachten. Dazu wird ein Mapping benötigt, welches allgemein ein UML-Modell in ein Konstrukt der Sprache Java überführt. Dieses Mapping ist auf Grundlage der jeweiligen Metamodelle definiert, in unserem Fall also basierend auf dem UML- und Java-Metamodell. Dann könnte eine Transformationsregel dieses Mappings etwa wie folgt lauten: „Erzeuge für jede Instanz der Metaklasse Class des Quellmodells eine Instanz der Metaklasse JavaClass im Zielmodell mit dem gleichen Namen" (Born u. a. (2004), S. 284 f.; vgl. Miller/Mukerji (2003), S. 3-2 ff.).

4 Entwicklungsstand

Da die MDA bereits als Standard existiert (vgl. Miller/Mukerji (2001)) lässt sich ihr Entwicklungsstand am besten an den von ihr genutzten Technologien ablesen. Diese werden im folgenden vorgestellt und in das MDA Framework eingeordnet.

4.1 Unified Modeling Language (UML)

UML ist die Standardmodellierungssprache der OMG zur Visualisierung, Spezifizierung und Dokumentation von Softwaresystemen. Damit stellt sie die Schlüsseltechnologie für die MDA dar (vgl. Miller/Mukerji (2003); S. 7-1). Sie wurde als Zusammenarbeit der drei wichtigsten Vertreter (Booch, Rumbaugh und Jacobson) der über 50 gebräuchlichen objektorientierten Modellierungskonzepte Mitte der neunziger Jahre bei der Firma Rational geschaffen. Als die OMG 1997 dazu aufforderte, Vorschläge für eine standardisierte Modellierungssprache zu machen um die

sog. „method wars"[1] zu überwinden, wurde die gerade fertig ge-
stellte Version 1.0 eingereicht und schließlich adaptiert. Seitdem
wird der Standard von einer speziellen Arbeitsgruppe innerhalb
der OMG weiterentwickelt. (vgl. Born u. a. (2004), S. 13). Im
März 2003 wurde die Version 1.5 verabschiedet.

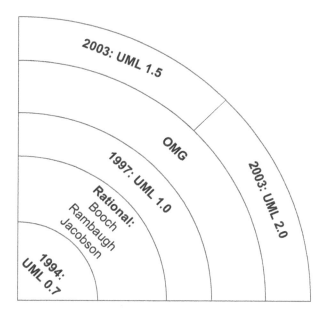

Abbildung 4.1: Entwicklung der UML

---

[1]„Method wars" werden die Auseinandersetzungen Mitte der neunziger Jahre
genannt, in denen es darum ging, welche der vielen gebräuchlichen Methoden die beste und wie ein Standard für die Modellierung von Softwaresystemen zu schaffen sei (vgl. Born u. a. (2004), S. 13).

Derzeit befindet sich die Spezifikation der UML 2.0 in der Fertigstellung. In dieser Version werden verstärkt Erfahrungen aus dem Einsatz der bisherigen Sprachversionen bei der Entwicklung von (verteilten) Softwaresystemenen berücksichtigt und Unzulänglichkeiten, Überspezifikationen und unnötige Konstrukte in der Sprachdefinition überarbeitet. Einige dieser Änderungen haben besondere Bedeutung für die MDA. Dies ist zunächst eine verbesserte architekturelle Angleichung zwischen UML, MOF und XML Model Interchange (XMI), was die Erstellung von Mappings erleichtert. Weiterhin liefert die Sprache Unterstützung für die Modellierung strukturierter Muster (Patterns), wie sie im Bereich der komponentenbasierten Entwicklung eingesetzt werden. Aktivitäts- und Zustandsdiagramme werden klar getrennt und unabhängig voneinander definiert, was deren Einsatzbereiche und Semantik eindeutig macht. Auch die Bedeutung von Relationen wie Generalisierung, Abhängigkeit und Assoziation werden endlich genau spezifiziert (vgl. Born u. a. (2004), S. 15).

4.2 Object Constraint Language (OCL)

Die OCL ist eine Erweiterung für UML. Sie ermöglicht es zum einen, Anforderungen und Bedingungen,[2] die sich mit Diagram-

---

[2]Engl.: Constraint

men allein nicht realisieren lassen, zu formulieren, zum anderen stellt sie eine vollwertige Abfragesprache dar, die man bspw. mit SQL in ihrer Ausdruckskraft vergleichen kann (vgl. Kleppe u. a. (2003), S. 33). Die Syntax ist der Programmiersprache Smalltalk ähnlich. Besonders hervorzuheben ist die Möglichkeit, Vor- und Nachbedingungen sowie Invarianten für Methoden und Operationen zu definieren (vgl. OMG (2003a), S. 6-3). OCL ist also im Sinne der MDA eine ideale Ergänzung zur UML, da sie die Lücken in der Spezifikation, die durch reinen Gebrauch von Diagrammen entstehen würden, schließen kann. In der Spezifikation zur UML 2.0 widerfahren auch der OCL einige Verbesserungen. Diese wird auf Basis eines Metamodells neu definiert. Hierdurch wird das Mapping, das sich wie bereits in 3.1.1 und 3.2 angedeutet hauptsächlich auf der Metaebene abspielt vereinfacht. Durch eine allgemein erweiterte Ausdruckskraft wird der Nutzen für die Modellierung im MDA-Rahmen optimiert.

4.3 Meta Object Facility (MOF)

Die MOF ist ein OMG-Standard, der eine Sprache zur Definition von Modellierungssprachen festlegt. Er ist in der Schicht M3 angesiedelt. Da es über dieser Schicht keine weitere zur Beschreibung derselben gibt definiert sich die MOF kurzerhand durch sich selbst. Das UML-Metamodell ist beispielsweise eine Instanz der MOF (vgl. Kleppe u. a. (2003), S.131 ff). Wirkliche Bedeutung erlangt MOF für die praktische Anwendung der MDA, da sie Interoperabilität der Modelle als Grundlage für Transformationstools ermöglicht.

4.4 XML Metadata Interchange (XMI)

Die erste wichtige Anwendung der MOF ist die Beschreibung eines Strom- oder dateibasierten Austauschformates für (M1-)-Modelle. Dieses Thema ist eines der wichtigsten in der MDA-basierten Softwareentwicklung. Die besten Modelle und Transformationstool nützen nichts, wenn die Modelle nicht in einem maschinenlesbaren Format vorliegen. Und das beste maschinenlesbare Format ist unproduktiv, wenn es nur von wenigen oder gar nur einem Tool unterstützt wird. Außerdem beinhaltet das Metamodell der UML zwar Elemente wie Klassen, Attribute und Assoziationen, aber es trifft keine Aussagen über die Notation von UML-Modellen, also über Kästen, Linien und Pfeile. Aus diesen Grund führte die OMG das XML Metadata Interchange (XMI)-Format. Es basiert – wie der Name schon sagt - auf XML.

XMI verkörpert ein Mapping, beschreibt also, wie man ein Modell in ein anderes umwandelt. Nach der in 3.1 geschilderten Definition lässt sich auch XML als ein Modell ansehen. Wendet man XMI auf das UML-Metamodell so wird diesem Map-

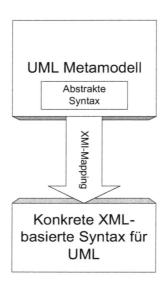

Abbildung 4.2: Anwendung von XMI auf UML-Metamodell (vgl. Frankel (2003), S. 114)

ping folgend eine Document Type Definition (DTD)[3] zum Austausch von UML Modellen erzeugt. Weiterhin beinhaltet XMI Mappings, die gegen diese DTD validierte XML-Dokumente erzeugt (vgl. Frankel (2003), S. 122). Das ist notwendig, da eine DTD ausschließlich die Syntax einer XML-Instanz festlegt, allerdings nichts über die Semantik besagt. Jene ist aber wie in allen Transformationen innerhalb der MDA elementar wichtig.

---

[3]In Zukunft auch XML Schema

4.5 Common Warehouse MetaModel (CWM)

Auch das Common Warehause MetaModel (CWM) ist ein durch MOF spezifiziertes Metamodell. Es erweitert den modellzentrierten Fokus der MDA um die Möglichkeit, Data Warehouse Anwendungen darzustellen. Angelehnt an das Metamodell der UML hat es mit jener viele Gemeinsamkeiten; es unterscheidet sich von dieser jedoch u.a. durch eine Reihe spezieller Metaklassen um z.B. relationale Datenbanken zu visualisieren. Außerdem wurden alle Sprachkonstrukte entfernt, die für diesen Zweck nicht benötigt werden, wie etwa verhaltensmodellierende Diagrammarten[4] (vgl. Kleppe u. a. (2003), S. 139; Frankel (2003), S. 59). Da CWM auf der MOF basiert und natürlich selbst ein Metamodell ist kann es infolgedessen Ursprung oder Ziel einer Transformation sein.

4.6 Common Object Request Broker Architecture (CORBA)

Da CORBA im Rahmen dieses Seminars an anderer Stelle ausführlich dargestellt wird soll hier nur gesagt werden, dass die

---

[4]z.B. Zustandsautomaten oder Kollaborationsdiagramme

MDA grundsätzlich jede Middlewareplattform als (eine) Ziel-plattform haben kann. CORBA spielt unter diesen momentan je-doch eine Schlüsselrolle, da es zum einen Sprach-, Betriebssys-tem- und Herstellerunabhängig ist, zum anderen von der OMG bereits ein PIM zu CORBA-Mapping als Standard adaptiert wur-de.

5 Softwareentwicklung mit MDA

Wie bereits angesprochen wurde ist die MDA nicht nur geschaffen worden, um bessere Modelle zu ermöglichen, sondern um Softwareentwicklung effizienter zu machen. Deshalb wird in diesem Abschnitt die Softwareentwicklung mit der MDA vorgestellt und dem „traditionellen" Entwicklungsprozess gegenübergestellt.

5.1 Klassische Softwareentwicklung

Der typische Softwareentwicklungsprozess, wie man ihn heute meist antrifft, gliedert sich in folgende Phasen (vgl. Minas/Schürr (2004), S. 2-3):

1. Machbarkeitsstudie
2. Anforderungsanalyse

3. Systementwurf

4. Implementierung

5. Test

6. Auslieferung

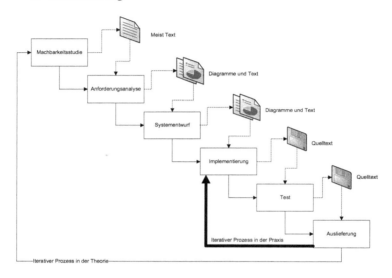

Abbildung 5.1: Traditionelle Softwareentwicklung (vgl. Kleppe u. a. (2003), S. 3)

Dokumente und Diagramme werden in diesem sog. Wasserfallmodell hauptsächlich in den Phasen eins bis drei produziert. Dabei wird heute meist UML genutzt. Stapel von UseCase-, Klassen-, Aktivitäts- und anderen Diagrammen türmen sich bis zum Beginn der Implementierungsphase auf. Aber selbst wenn aus ei-

30

nigen Diagrammen bereits mit Hilfe von Tools Code generiert wird ist der Großteil von ihnen doch nur Papier, das den Programmierern als schriftliche Vorlage dient. Fehler werden dabei – obwohl die Theorie der iterativen Entwicklung eigentlich vorsieht, zumindest bis zur Anforderungsanalyse zurückzukehren – direkt im Code (also der Implementierungsphase) ausgebessert und erneut getestet (vgl. Kleppe u. a. (2003), S. 2). Daran ändern auch so radikale Entwicklungskonzepte wie Extreme Programming (XP) wenig, da das Augenmerk hier auf fehlerfreiem Code und nicht auf einer fehlerfreien Entwicklung liegt.

5.2 MDA Development Lifecycle

Softwareentwicklung mit MDA läuft grundsätzlich in den selben Phasen ab wie beim klassischen Software Engineering. Der Unterschied dabei ist, dass die Zwischenprodukte der einzelnen Phasen den MDA-Modellkategorien zugeordnet sind (siehe Abbildung) und andererseits wie in 3.2 erläutert die Transformationsschritte zwischen den Phasen zwei und fünf weitgehend automatisiert durchgeführt werden. Iterationen sollen stets bei der Analyse beginnen, um zu vermeiden, dass Modelle, die in frühen Phasen erstellt wurden, veralten und mit dem Quellcode inkonsistent werden (vgl. Fettke/Loos (2003), S. 557; Kleppe u. a. (2003), S. 6 ff.).

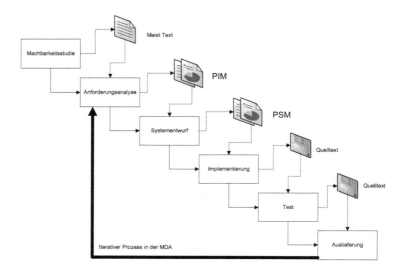

Abbildung 5.2: Softwareentwicklung mit der MDA (vgl. Kleppe u. a. (2003), S. 7)

5.3 Vergleich

Die bei einem Vergleicht der in 5.1 und 5.2 geschilderten Ansätze sich ergebenden potentielle Vorteile des MDA Development Lifecycle können unter den Schlagworten Produktivität, Portabilität, Interoperabilität und Wartung und Dokumentation zusammengefasst werden.

5.3.1 Produktivität

Die Systementwicklung konzentriert sich in der klassischen Vorgehensweise hauptsächlich auf den Code, in der MDA auf die Konstruktion des PIM. Produktivitätsvorteile ergeben sich zum einen, da ein Teil der Implementierung automatisiert generiert wird, wodurch manuelle Programmieraufgaben reduziert und damit viele Fehlerquellen vermieden werden können. Zum anderen können Entwicklungsteams infolgedessen mehr Zeit für die Lösung des eigentlichen Problems aufwenden (vgl. Fettke/Loos (2003), S. 557; Kleppe u. a. (2003), S. 2 u. 9). Der Entwicklungsprozess wird also produktiver, da die Qualität der Software durch weniger Fehler und bessere Problemabdeckung bei gleichem Zeitaufwand steigt. Zwar müssen als Voraussetzung zur automatischen Codegenerierung zunächst die Mappings erstellt werden; dies stellt allerdings einen eigenen Entwicklungsprozess dar und ist für jede Ursprungs-/Zielplattformkombination jeweils nur einmal nötig. Mappings werden quasi wie Komponenten in das eigene Projekt eingebunden.

5.3.2 Portabilität

Ständig drängen neue Technologien auf den Softwaremarkt und verdrängen dabei alte. War vor zwei oder drei Jahren J2EE der Hype im Middlewaregeschäft wird es heute immer stärker von

.NET bedrängt.[1] In ein paar Jahren könnten beide bereits zugunsten eines ganz anderen Standards nur noch geringe Bedeutung haben. Diese Beobachtung lässt sich auf alle anderen Arten von Plattformen im IT-Bereich, seien es Betriebssysteme, Programmiersprachen oder Datenbankparadigmen übertragen. Außerdem ändern sich zusätzlich die Technologien selbst ständig durch Erweiterungen und Weiterentwicklungen. Im klassischen Entwicklungsprozess zwingt dieser Aspekt dazu, eine existierende Software, wenn sie auf einer neuen Plattform genutzt werden soll um deren Vorteile nutzbar zu machen, mehr oder weniger manuell zu portieren. Dies ist oft mit erheblichem Aufwand und Kosten verbunden, die manchmal eine komplette Neuentwicklung billiger machen, obwohl die Funktionalität und Struktur der zugrunde liegenden Geschäftsprozesse selbst sich kaum oder gar nicht ändert. Da in der MDA diese grundlegende Logik und Struktur der Softwarelösung als PIM realisiert wird entfällt diese Problematik weitgehend. Soll eine neue Technologie genutzt werden tauscht man in der Entwicklung das Mapping für die Transformation von PIM zu PSM bzw. zwischen PSM und Quellcode aus. Im theoretischen Idealfall dürften dazu nur wenige manuelle Eingriffe nötig sein.

---

[1]Insbesondere, da das .NET-Framework in Form der freien Implementation Mono inzwischen dabei ist, auch andere Plattformen als Microsoft Windows zu erobern.

5.3.3 Interoperabilität

Softwaresysteme sind heute weitgehend heterogen aufgebaut, d. h. während das eigentliche Programm die Logik übernimmt wird bspw. die Aufgabe der Datenspeicherung an ein relationales Datenbankmanagementsystem (DBMS) übergeben, die Darstellung des Graphical User Interfaces (GUI) an einen Webserver usw. Diese Komponenten müssen miteinander interagieren und kommunizieren. Beim klassischen Software Engineering müssen diese Schnittstellen schon während der Planung festgelegt und während der Implementierung fest in das System eingebaut werden. Die MDA ermöglicht es, auch diese Interaktion flexibel zu gestalten. Wird hier ein PIM zu zwei PSM transformiert, die auf verschiedenen Plattformen basieren (bspw. Java und ein relationales DBMS) wird zusätzlich eine sog. Bridge definiert. Diese hat gewisse Gemeinsamkeiten mit einem Mapping. Sie definiert auf der Modellebene, wie die beiden PSM miteinander in Kontakt treten können. Bei der Transformation zu Quellcode wird diese Bridge genutzt, um diese Schnittstelle konkret zu implementieren (vgl. Kleppe u. a. (2003), S. 4 u. 10; Fettke/Loos (2003), S. 557).

5.3.4 Wartung und Dokumentation

Die Dokumentation eines Softwaresystems wird bei der klassischen Herangehensweise oft erst im nachhinein erstellt. Das Dokumentieren während der Entwicklung kostet Zeit und verlangsamt den gesamten Prozess. Insgesamt wird ihr meist sehr wenig Priorität verliehen. Demgemäß leidet deren Qualität. Dies ist ein Problem für die Wartungsphase, die sich über längere Zeit hinziehen kann, während evtl. die einstigen Programmierer das Projekt oder gar die Firma verlassen haben. Neue Projektmitglieder müssen sich aber in solchen Situationen über die Dokumentation in das System einarbeiten können. Die MDA lässt das Problem gar nicht erst aufkommen. Das PIM und die PSM sind die Dokumentation, und da sie integraler Bestandteil des Entwicklungsprozesses sind werden sie auch ständig aktualisiert. Sie repräsentieren exakt den Code, da dieser ja aus den Modellen erstellt wird.

5.4 Entwicklungswerkzeuge

Damit alle oben genannten theoretischen Vorteile der Entwicklung mit MDA in der Praxis zum tragen kommen können sind leistungsfähige Tools Voraussetzung. Für die im Folgenden genannten Werkzeugtypen (vgl. Fettke/Loos (2003), S. 557) ist bereits eine gewisse Anzahl nutzbarer Anwendungen verfügbar. Da hier nicht auf einzelne Tools eingegangen werden soll sei hier auf OMG (2004b) verwiesen, wo eine Liste von Anbietern und deren Werkzeuge geführt wird. Modelleditoren In einem Modelleditor werden Modelle eingegeben, verändert und angezeigt. Er kann auch die Modellvalidierung unterstützen. Transformationsdefinitionseditoren Transformationsdefinitionseditoren können Regeln zur Transformationen zwischen Modellen, also Mappings definiert und validiert werden. Transformationswerkzeuge Transformationswerkzeuge übernehmen die eigentliche Transformation auf Basis eines mit einem Transformationsdefinitionseditor erzeugten Mappings. Repositorium Im Repositorium werden die von den drei vorhergehend genannten Werkzeugtypen erzeugten Modelle und Quelltexte sowie Transformationsdefinitionen gespeichert.

5.5 MDA und Komponentenmodelle

Von der MDA werden Komponentenmodelle prinzipiell wie jede andere Plattform auch angesehen. D.h. jedes Komponentenmodell, für das entsprechende Mappings verfügbar sind kann als Ursprungs- und Zielplattform eines Transformationschrittes fungieren. Somit kann – ohne dies vorher festzulegen – ein Softwaresystem, welches als PIM modelliert worden ist automatisch bspw. in ein Enterprise Java Bean (EJB)-PSM umgewandelt werden, woraus wiederum durch eine weitere Transformation der Quellcode eines EJB erzeugt wird. Komponenten als gekapselte Softwarebausteine mit festgelegten Schnittstellen an sich erleichtern aber auch die Softwareentwicklung mit der MDA, wenn sie als zusätzliche PSM eingebunden werden können und über Bridges mit anderen PSM kommunizieren. Dazu wäre es notwendig, dass die Komponente selbst als PIM definiert ist, und erst durch eine Transformation zu einem PSM für die gewünschte Zielplattform wird. Ein Beispiel hierfür wäre eine Komponente, die es ermöglicht, Kundendaten zu verwalten. Ist sie selbst in Anwendung der MDA entwickelt und somit als PIM verfügbar, kann sie etwa zu einem PSM für ein .NET-basiertes System transformiert werden, welches der Software, in das es eingebunden wird, ermöglicht, über Bridges die Kundendaten in einem relationales DBMS persistent zu machen. Oder aber man entscheidet sich, da man keine Windows-Plattform nutzen möchte für J2EE und aus welchen Gründen auch immer für ein objektorientiertes DBMS.

5.6 Wirtschaftliche Bedeutung

In welchem Umfang die Nutzenpotentiale der MDA in der Softwareentwicklungspraxis ausgeschöpft werden können, lässt sich mit Sicherheit nur durch empirische Befunde klären. Bisher gab es allerdings noch keine wissenschaftlichen Untersuchungen zu diesem Thema. Jedoch gibt es mehrere Fallstudien zu Entwicklungsprojekten, in denen MDA-Konzepte umgesetzt wurden. Exemplarisch werden hier die Ergebnisse dreier dieser Studien kurz dargestellt.

5.6.1 Produktivitätsanalyse der Middleware Company

Um die Behauptung zu überprüfen, die Nutzung der MDA würde eine schnellere Softwareentwicklung ermöglichen, ließ die Middleware Company zwei Entwicklungsteam die selbe Applikation entwickeln. Ein Team verwendete die MDA, das andere nicht. Um die Ergebnisse vergleichbar zu machen wurde eine 46seitige detaillierte Spezifikation für einen J2EE-PetStore vorgegeben. Dabei wurden u.a. Techniken wie eine HTML GUI, JSP, EJB und WebServices gefordert, so dass möglichst viele Bereiche abgedeckt wurden (vgl. Middleware Company (2003), S. 5 ff.). Im Ergebnis zeigte sich die Middleware Company überrascht über den Produktivitätsgewinn des MDA- gegenüber dem klassisch entwickelnden Team. Während letzteres bei vorab geschätzten 499 Stunden Entwicklungszeit tatsächlich 507 Stunden zum Fertigstellen, Testen und Debuggen benötigte erledigte das MDA-Team die gleiche Arbeit bei zunächst geschätzten 442

Stunden am Ende in nur 330 Stunden (vgl. Middleware Company (2003), S. 14 ff.).

5.6.2 Gothaer Versicherungen - Entwicklung einer Angebotssoftware

Die Gothaer Versicherungen beauftragte die b+m Informatik AG 2001 mit der Entwicklung einer browserbasierten Angebotssoftware für Lebensversicherungen. Die technische Basis des Systems bildete u.a. ein Websphere Application Server sowie DB2 als relationales Datenbanksystem. Es wurden eigene, bereits bestehende Softwarekomponenten sowie verschiedene Modellierungstools benutzt. Die Implementierung sollte sich hauptsächlich auf EJB und JSP abstützen. Die Basis bildete dafür J2EE (vgl. b+m Informatik AG (2003), S. 3 f.). Als Grundlage für den Entwicklungsprozess diente der b+m Generative Development Process, der zusammen mit dem b+m Generator Framework ein MDA-konformes Produkt bildet. Im Endeffekt konnte durch diese Vorgehensweise ein großer Teil des Qullcodes der Anwendung automatisch erzeugt werden. Hervorzuheben sind hier besonders die Elemente der Persistenzschicht mit 99% der Codezeilen, Presentations (88%), Entity Beans (61%), der restliche Java Code (85%) sowie die XML Konfiguration (100%) (vgl. b+m Informatik AG (2003), S. 5). Zu beachten ist bei den Prozentangaben der relativ frühe Zeitpunkt des Projekts. Zur Erinnerung: die Basisdokumente für die MDA wurden im gleichen Jahr veröffentlicht.

5.6.3 Deutsche Bauspar AG – System zum Darlehensmanagement

„Immediate savings in the development process due to the MDA-compliant approach and the usage of ArcStyler amounted to approx. 40% compared to the estimated figures for development without using this approach." (Interactive Objects (2002), S.1)

So fasst Interactive Objects (IO) die Ergebnisse aus der Entwicklung eines webbasierten Systems zum Darlehensmanagement für die Deutsche Bank Bauspar AG zusammen. Das in den achtzigern implementierte bestehende System des Unternehmens läuft auf einem IBM Mainframe und basiert u.a. auf COBOL und DB2. Die Aufgabe von IO war es, die Funktionalität der bestehenden monolithischen Anwendung zu einem modernen webbasierten System zu erweitern. Dies beinhaltete die vollständige Integration der bestehenden COBOL Komponente. Dazu wurde das IO-eigene MDA-konforme ArcStyler-Framework benutzt. So wurden insgesamt etwa 70% des Quellcodes automatisch generiert (Interactive Objects (2002), S.4).

5.6.4 Zusammenfassung

Aus den Aussagen der vorgestellten Fallstudien lässt sich der Schluss ziehen, dass Anwendungen des MDA-Ansatzes noch ein gutes Stück von dem Ziel entfernt sind, Applikationen aus einem PIM vollkommen automatisiert zu erstellen. Die Einsparpotentiale an Kosten und Zeit scheinen aber so hoch zu sein, dass sich eine weitere Entwicklung und konsequenter Einsatz des Standards vom wirtschaftlichen Standpunkt aus lohnt.

6 „The Architecture of Choice for a Changing World"

So sieht die OMG „ihre" MDA. Und tatsächlich scheint sich die Welt der Softwareentwicklung im Umbruch zu befinden, nämlich vom Paradigma der verteilten Objekttechnologien zum Paradigma der Modelltransformationen (siehe Abb. 6.1). Die ersten Erfahrungen mit einem MDA-basierten Softwareentwicklungsprozess liegen vor und die Ergebnisse sind vielversprechend. Sollte sich die Entwicklung des Standards so fortsetzen, wie es momentan den Anschein hat könnten in wenigen Jahren tatsächlich Anwendungen fast vollständig durch Transformationen aus PIM über PSM zu Quellcode generiert werden. Auf diesem Wege könnten Probleme im Software Engineering gelöst werden, die seit der Einführung der ersten Hochsprachen bestehen.

Bis zum Erreichen dieses Ziels sind besonders die Anstrengun-

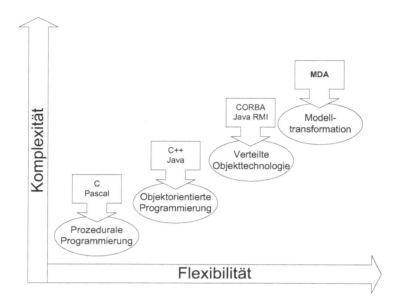

Abbildung 6.1: Von der Programmierung zur Modelltransforma-
tion (vgl. Born u. a. (2004), S. 277)

gen in diesen Bereichen zu erhöhen:

- Standardisierung der grundlegenden „enabling technolo-
  gies" wie einer Sprache zur Beschreibung von Modelltransformationen, für die bis jetzt nur ein Vorschlag vor-
  liegt.

- Bereitstellung von ausreichend mächtigen und interope-
  rablen MDA-konformen Entwicklungswerkzeugen. „Bis-

her existieren keine Entwicklungsumgebungen, in denen sämtliche Aufgaben der MDA unterstützt werden. Dadurch ergibt sich ein großes Marktpotential für Werkzeuganbieter." (Fettke/Loos (2003), S. 558)

- Weiterentwicklung der Modellierungssprachen zu ausführbaren Modellen. Die Semantik dieser Sprachen muss eine Ausdruckskraft erreichen, die es einem Modell ermöglicht, den endgültigen Quellcode exakt zu repräsentieren und umgekehrt.

Literaturverzeichnis

[Andresen 2003]   ANDRESEN, Andreas: *Komponentenbasierte Softwareentwicklung mit MDA, UML und XML*. München : Hanser Fachbuch, 2003

[b+m Informatik AG 2003]   B+M INFORMATIK AG: *Success Story*. URL http://www.omg.org/mda/mda_files/ b+marchitecturesuccessstory.pdf. – Zugriffsdatum: 03.05.2004, 2003

[Born u. a. 2004]   BORN, M. ; HOLZ, E. ; KATH, O.: *Softwareentwicklung mit UML 2.0 - Die neuen Entwurfstechniken UML 2, MOF 2 und MDA*. München, 2004

[Fettke und Loos 2003]   FETTKE, P. ; LOOS, P.: Model Driven Architecture (MDA). In: *Wirtschaftsinformatik* (2003), Nr. 45/5, S. S. 555–559

[Frankel 2003]   FRANKEL, D.: *Model Driven Architecture - Applying MDA to Enterprise Computing*. Indianapolis, Indiana (USA), 2003

46

[Interactive Objects 2002]   INTERACTIVE OBJECTS: *Deutsche Bank Bauspar AG – Success Story.*   URL `http://www.omg.org/mda/mda_files/ SuccessStory_DBB_4pages.pdf`. – Zugriffsdatum: 03.05.2004, 2002

[Kleppe u. a. 2003]   KLEPPE, Anneke ; WARMER, JOS ; BAST, Wim: *MDA explained - The Model Driven Architecture: Practise And Promise.* Addison-Wesley, 2003

[Mellor u. a. 2004]   MELLOR, S. ; SCOTT, K. ; UHL, A. ; WEISE, D.: *MDA Distilled.* Indianapolis, Indiana (USA), 2004

[Middleware Company 2003]   MIDDLEWARE COMPANY: *Model Driven Development for J2EE Utilizing a Model Driven Architecture (MDA) Approach.* URL `http://www.omg. org/faststart/request-info-MCS-1.htm`. – Zugriffsdatum: 05.05.2004, 2003

[Miller und Mukerji 2001]   MILLER, J. ; MUKERJI, J.: *Model Driven Architecture (MDA).* URL `http://www.omg. org/cgi-bin/apps/doc?ormsc/01-07-01.pdf`. – Zugriffsdatum: 24.05.2004, 2001

[Miller und Mukerji 2003]   MILLER, J. ; MUKERJI, J.: *MDA Guide. Version 1.0.1.* URL `http://www. omg.org/docs/omg/03-06-01.pdf`. – Zugriffsdatum: 24.05.2004, 2003

[Minas und Schürr 2004] MINAS, Mark ; SCHÜRR, Andy: *Software Engineering I. Vorlesung an der Universität der Bundeswehr München.* URL http://ist.unibw-muenchen.de/Inst2/Lectures/FT2004/sel.html. – Zugriffsdatum: 08.04.2004, 2004

[OMG 2003a] OMG: *Meta Object Facility (MOF) 2.0 Core Specification. Final Adopted Specification.* URL http://www.omg.org/cgi-bin/doc?ptc/2003-10-04. – Zugriffsdatum: 15.06.2004, 2003

[OMG 2003b] OMG: *OMG Unified Modeling Language Specification. Version 1.5.* URL http://www.omg.org/cgi-bin/apps/doc?formal/03-03-01.pdf. – Zugriffsdatum: 19.06.2004, 2003

[OMG 2004a] OMG: *Committed Companies and Their Products.* URL http://www.omg.org/mda/committed-products.htm. – Zugriffsdatum: 20.06.2004, 2004

[OMG 2004b] OMG: *MDA FAQ.* URL http://www.omg.org/mda/faq_mda.htm. – Zugriffsdatum: 22.06.2004, 2004

[Soley und Stone 1995] SOLEY, R. ; STONE, C.: *Object Management Architecture Guide. Revision 3.0.* URL

http://www.omg.org/cgi-bin/apps/doc?ab/
97-05-05.pdf. – Zugriffsdatum: 16.06.2004, 1995